Patrick Bouillanne

Le voyageur immobile

poésie

Éditions Dédicaces

Le voyageur immobile, par PATRICK BOUILLANNE

Illustrateur : G. MURADIN

Dépôt légal :
Bibliothèque et Archives Canada
Bibliothèque et Archives nationales du Québec

Un exemplaire de cet ouvrage a été remis
à la Bibliothèque d'Alexandrie, en Egypte

ÉDITIONS DÉDICACES INC
6285, rue De Jumonville
Montréal (Québec) H1M 1R7
Canada

www.dedicaces.ca | www.dedicaces.info
Courriel : info@dedicaces.ca

© Copyright - tous droits réservés – Éditions Dédicaces inc.
Toute reproduction, distribution et vente interdites
sans autorisation de l'auteur et de l'éditeur.

Patrick Bouillanne

Le voyageur immobile

- Le voyageur immobile (manuscrit) *a été « remarqué » aux Cinquièmes Gouttes d'Or de la poésie.*

- Le poème « L'ombre de ton sourire » (Le voyageur Immobile) a reçu Médaille d'argent 2011, de l'Académie des Jeux Floraux, Hôtel d'Assezat–Toulouse.

DU MÊME AUTEUR :

- Les jardins d'épiderme (éditions Ylang) 2004
- A fleurs d'Elles (éditions Thélès- Paris) 2008
- Naïma, 1er prix 2010 du Cercle International d'Expression Littéraire et artistique
- « Mahora » (album) 2004
- Publications dans l'ouvrage « Du souffle sous la plume » No.4, Août 2011
- « Fleur de Lune » a reçu la médaille de Vermeil de la chanson poétique 2011 (Académie des Jeux floraux)

À propos de l'auteur

Patrick Bouillanne, un auteur entre boxe, jazz et poésie. Né en 1951 à Die dans la Drôme, il termine ses études de professeur d'éducation physique en 1975 et s'établit à Paris. Dans les salles obscures, il éprouve sa jeunesse sur les rings. Il décroche alors un vieux saxophone, et fera vibrer son métal le reste de sa vie. En 2001, il part vivre sous les tropiques, à Mayotte, puis à La Réunion. En 2004, il édite un premier recueil de poésies, « Les jardins d'épiderme », et dans un même élan sort un album, « Maora ». Il clôture en 2007 le festival de jazz de Madagascar, avec Rhoda Scott. Il publie son deuxième recueil de poésies « À fleurs d'Elles », à Paris, en décembre 2008. Ses sources d'inspiration ? Léo Ferré, Claude Nougaro, JohnColtrane, Charles Baudelaire et Arthur Rimbaud. Il vit actuellement à La Réunion.

Il obtient la médaille de vermeil de la chanson poétique en 2011 pour « Fleur de lune », une chanson dédiée à une petite fille atteinte d'une maladie de la peau incurable. Puis son recueil « Le voyageur immobile » est remarqué aux 5es gouttes d'or de la poésie. Son texte « L'ombre de ton sourire » reçoit la médaille d'argent de l'Académie des jeux floraux de Toulouse. Le texte « souvenir de voyage » reçoit le prix du Prince Maurice en 2010, et sa nouvelle Naïma, le 1er prix du Cercle international d'expression artistique et littéraire.

Souvenirs de voyage

Le vieux frangipanier
Sur les vasques, se penche
Pour voir ses larmes blanches
En étoiles, flotter

Près des bassins d'eau claire
La brise est passagère
Deux femmes en livrée blanche
Passent, hanche après hanche

Dans la nuit d'amadou
Nos sentiments balancent
Entre les bulles et l'élégance
D'un verre de vin doux

Sur ton châle bleu gris
L'odeur des fleurs d'ylang
Quelques gouttes de pluie
Tombent nonchalamment

Mes rêves de Coriandre
S'attardent ce matin
Dessinant leurs méandres
Sur ta peau, grain par grain

Les yeux fanés

Tes yeux, lunes vivantes
Chemins de thym et de menthe
Soleils flambés
Aux bleus des arcs en ciel

Ont brûlé
Leurs derniers chants d'automne
Aux jardins suspendus
De mes lèvres Babylones

De ces années qui se lamentent
Il ne reste, ni le thym, ni la menthe
Le bleu des arcs en ciel
A fané au soleil

De tes yeux d'amarante
Demeure au lointain
Le sillage incertain
D'une étoile filante

Au cognac de ton âme

Tes cheveux noirs flottaient
Sur mes rêves d'automne
Entre l'odeur des pommes
Et les genêts fanés

Imprégnés de rosée
Que le vent du matin
Sur ta peau glaçait
Sous le linceul de lin

Désertant tes yeux noirs
Ton regard s'échappait
Vers des hasards gelés
Menant vers nulle part

Des fleurs d'encre crachaient
Des poèmes sans virgule
Des textes imparfaits
Aux larmes majuscules

J'avais perdu la route
Qui menait à ton ventre
En jetant tes cendres
Cette nuit de novembre

J'ai baissé l'abat jour
Sur la dernière flamme
Pour flamber mon amour
Au cognac de ton âme

Nuages

Sous un ciel de Mohair
Les moutons étonnés
Se changent en corsaires
Au gré des Alizés

Illusoires vaisseaux
Sur la mer de nuages
Que le vent aussitôt
Initie au voyage

Oh ! Mirage de l'Art
La brise trouble l'image
Van Gogh devient Gaspard
Le bateau, un roi mage

Voici le char de Shéhérazade
Le ciel des milles et une nuits
Sous les ondées, en rasades
La crinière des chevaux, frémit

Des nuages de Brouilly
Poivrés de matin blême
Emportent ma folie
Avec leur ciel de traîne

Et le vent se leva
Qui venait du désert
Entraînant dans ses pas
Les moutons vers la mer

L'encrier du crépuscule

Sur les rives de ma mélancolie
L'ombre inachevée des mots
Au grand galop s'avance

Sur les trottoirs déserts
Des voyelles exsangues
Des consonnes blessées
Dans des phrases qui tanguent

Quelques rimes se penchent
A l'envers, mal croisées
Les métaphores glissent
Entre les vers brisés

Soudain, dans le miroir
Les tourments se dissipent
Le désir s'organise
Les lettres prennent couleur
Ma plume crisse
Comme le bec affamé
D'un perroquet moqueur

Aux lueurs du matin
L'aurore jette l'encre
Sur le papier en grains
L'encrier du crépuscule
Pose ses majuscules
Sur les alexandrins

Chanson triste

A deux pas de l'Hôtel du Nord
Sur un vieux mur, Dubonnet réclame
« Du beau et du bon », pour madame
En lettres fanées rouges et or

Sur les façades édentées
A l'encre rouge effacée
Le souvenir se joint au rêve
Au bal masqué des mots usés

Une ombre mélancolique
Longe le canal Saint Martin
La chanson nostalgique
Des mots perdus en chemin

Une rengaine des bords de Seine
Qui parle d'amours déçues
Ses phrases, on les déchiffre à peine
Sur les murs des vielles rues

C'est une chanson triste
Sur les rives du chagrin
Elle se dissout dans l'onde grise
Avec ses rimes et son refrain

Une ombre mélancolique
Longe le canal Saint Martin
Une chanson nostalgique
Qui se perd au petit matin

Les vieux chevaux

Les violons de décembre sont pleins de feuilles mortes
Les vieux chevaux hennissent à contre vent
Dételés des passions qui soufflent à leur porte
Lentement ils écument, sous leur harnais trop grand

Libérés des splendeurs, qui s'essoufflent avec l'âge
Les vieux chevaux s'en retournent à la mer
Où leurs crinières blanches, moutonnent à l'envers
Pour aller retrouver les verdoyants herbages

Un vent du soir souffle, sur leurs derniers dimanches
Froissant les feuilles mortes, et l'avoine du temps
Sous le mors, épuisés, les vieux chevaux se penchent
Pour nourrir de rosée, les paroles du vent

Le voleur de regards

J'ai volé des regards
Au détour des ruelles
A l'angle des trottoirs
Cachés sous leurs rimmels
Dans des trains de banlieue
Dans des lit de hasard
Quand les yeux se font bleus
Et qu'il est déjà tard

J'ai volé des regards
Qui promettaient fortune
Sous le masque d'un fard
Ou d'un rayon de lune
J'ai volé des regards
Qui font baisser les yeux
J'ai volé des regards
Qui mettent du rose au bleu

J'ai volé des regards
A la couleur changeante
De soleil et de pluie
A la lumière du soir
J'ai volé des regards
Au travers de persiennes
Avant que la nuit vienne
Flamber les soleils noirs

J'ai volé des regards
D'eau trouble et d'algues humides
J'ai volé des regards
De papier déchiré
J'ai volé des regards
Aux rêves d'impossible
Aux promesses d'errance
Et de terre mouillée

J'ai volé des regards
A la césure nette
Trop verts pour être honnêtes
A la tombée du soir
J'ai volé des regards
Ou l'espoir au matin
Se confond en excuses
Sous la rosée, en vain

Puis j'ai croisé tes yeux
Qui font des arcs en ciel
Au travers de tes larmes
J'ai volé ton regard
Puis j'ai volé ton âme
A l'ombre de tes cils
J'ai déposé les armes

J'ai volé ton regard
D'ardoises invisibles
Et tes yeux d'encre vive
Aux phrases inachevées
J'ai volé ton regard
A la bouche cerise
Sous la lumière grise
De Dunkerque, en été

J'aime

Tes bas, obscurs rideaux
Sur le tendre des cuisses
Ton lit, profond tombeau
Où repose un triangle lisse

Les odeurs de mer et d'automne
Qui fleurissent dans ta vertu
Quand la violette s'abandonne
Dans tes draps trop écrus

Les déjeuners de lune
Dans tes bras d'aube brune
Où les croissants de chair
Se trempent dans la mer

Ta source d'onde douce
En forme de berceau
Cet oreiller de mousse
Qui reçoit mes sanglots

L'ombre de ton sourire

La nuit blanche s'installe
Sur les trottoirs du rhum
Deux papillons de nuit
Effleurent un bec de jazz

Un saxophone pleure
Sur les hanches de Louisiane
Une guitare égrène
Quelques larmes

Un alcool bleu sous la peau
Le piano à queue joue faux
Un air, nu comme un couteau
Au théâtre No de la rue

La nuit blanche installe
Sur les trottoirs du rhum
Quelques notes d'ébène
Sans chaînes

Papillon blues dans la nuit
Sur les lèvres du Mississipi
L'ombre de ton sourire
Louis

La boite en fer

J'ai conservé de vieux trésors
Dans une boite en fer rouillée
Photos jaunies dans un décor
D'objets usés
Les fers de mes souliers
Buteurs imaginaires
Une pirogue en fer
Pour voyages éphémères

Je laissais close, ma boite en fer
Pour garder ton odeur d'Ylang
Et la couleur d'orange amère
Des flamboyants
Quand tu dansais au bal poussière
A l'ombre du baobab
Je me souviens, c'était hier
A M'Zouazia

Le temps d'une nuit d'hiver
J'ai entrepris le voyage
J'ai ouvert ma boite en fer
Pour revenir sur cette plage
Le Baobab est étendu
Où tu dansais au bal poussière
Sur le sable, à demi nue
Une fleur d'Ylang en bandoulière

Le hamac gémit sous le vent
D'une brise passagère
Souvenir intérimaire
Sur les ailes du temps
Ma pirogue en fil de fer
A rouillé sous les tropiques
J'ai refermé ma boite en fer
25, rue de la République

Sous les paupières mauves des jacarandas

Sous les paupières mauves, des jacarandas
Les ruelles pavées, ont un goût de vanille
Sur les trottoirs de suie, se pose une mantille
Le manteau de la nuit, qui descend sur Tana

Au détour d'une rue, une vielle rengaine
Parle d'amours perdues, et du temps qui se traîne
Les cordes de misère, tendues sur les valis
Attendent que le jour, vienne après la nuit

Sous l'archet d'un violon, une note s'enivre
Une larme d'espoir pour une île de givre
Mais le printemps est là, dans les rues de Tana
Sous les paupières mauves, des jacarandas

Mascareignes

Sous les paupières du vent
Faux cils sur l'océan
Les palmiers rimmel
De tes yeux Mascareignes

Sous ton ventre rond
Une île au sable blond
Que le ressac sans fin
Caresse à contre grain

Sur ta bouche en cavale
Des lèvres de corail
Coquillages ouverts
A la marée montante

Ma plume d'illusion
Se lève sous tes charmes
Eclaboussant de larmes
Ton île au sable blond

Citron vert

Citron vert, sur ma bouche
Tu laisses un goût amer
Ephémère et farouche
A peine, un peu pervers

Tes dentelles d'amertume
Fragiles comme un Sèvres
Dévoilent leur goût d'agrume
Sur le bord de mes lèvres

Sur l'Asie de ta peau
Voyagent les essences
Les senteurs de Kyoto
Les arômes d'encens

Les zestes d'élégance
De ta peau citronnée
Sous l'emprise des sens
M'invitent à te presser

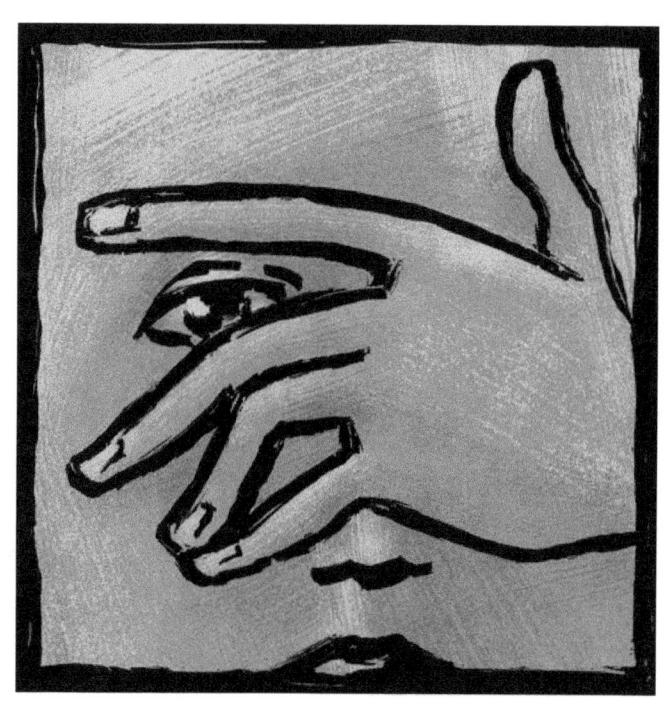

Le rayon bleu

Par la fenêtre du salon
Un rayon bleu
A rempli mon théâtre
D'illusoires louis d'or
Renoncules égarées
Des chants de Maldoror

De fumées éphémères
Arabesques gitanes
Devenant courtisanes
Au gré des courants d'air

Sur les cordes du violoncelle
En smoking, noir et blanc
Un couple d'hirondelles
Attends le sacre du printemps

A la tombée du jour
Les chiens se font loups
Les vers luisants d'amour
Enflamment les hiboux

Un parfum sans adresse
Sur ton foulard Cardin
Buvard de tendresse
Vient sécher mon chagrin

Par la fenêtre du salon
Le bleu de l'illusion
A repeint mon théâtre

Imper et rose

La prose
Impair et rose
De tes lèvres
Se pose
Sans rime
Intime
A l'encre rose

Une langue
Exsangue
Sous le miroir des mots
Qui explose
A peine éclose
Sur les lèvres de ma peau

De ton regard
Je n'ose
Découvrir l'indigo
Tes vers à l'eau de rose
Et l'impudeur d'une ado

Qui oserait
Pour dire sa prose
Se dévêtir
A demi mots

Et m'offrirait
C'est peu de choses
Ses lèvres roses
Les yeux mi clos

Le sang bleu des glaciers (à mon fils)

Le jour se levait
Posant sa nudité
D'élégance et de givre

Sur les névés bleutés
Au soleil du levant
La cordée se courbait
Sous les morsures du vent

Dans le vide, pendu
Au fil de l'inutile
Le désir d'absolu
A l'ivresse des cimes

On entendait craquer
Le sang bleu du glacier
La corde, au vent du nord
Lentement se cambrait

Poudrier de l'extrême
Serti de larmes blanches
Amant des matins blêmes
Au manteau d'avalanches

Le géant s'est dressé
Quand tu as posé tes ailes
Sur le sommet drapé
De neiges éternelles

Ne jamais redescendre
Se fondre avec le temps
Laisser s'enfuir son âme
Sur la corde du vent

Il est des lieux
Où les désirs se perdent
A côtoyer les larmes

Dans une litho de Wegener

En silence, je vous caresse
Dans une litho de Wegener
La bouche rouge sur le thé vert
Dans une pagode japonaise

Plus que vous dénuder
Je vous couvre de toile fine
Plus que vous effleurer
Je t'imagine en soie de Chine

Les arabesques de vos reins
Vos odeurs de terre humide
Laisseront nos nuits, sans fin
Aux confins du vide

Je serai le mendiant de ta peau
Je peindrai du regard vos doutes
Mes yeux seront à peine clos
Mes mains ouvertes sur vos routes

Vous me direz des couleurs
Qu'il me suffira d'entendre
Je vous montrerai des bleus
Vous les trouverez tendres

Je vous offrirai au vent
Pour vous apprendre les caresses
Je me gorgerai d'instants
Volés dans vos ivresses

Vous m'inviterez au mouillage
Entre vos cuisses d'argile
Ma langue retiendra sur la plage
Les vagues Inutiles

Vous fermerez les yeux
Sur des courbes trop nettes
Pour déserter les lieux
Sur des langueurs discrètes

En silence, je vous caresse
Dans une litho de Wegener
La bouche rouge sur le thé vert
Dans une pagode japonaise

Puncheur d'étoiles

Sur le mur jauni de ma chambre
Deux poupées abandonnées
Désarticulées, pendent
Deux momies de cuir râpé
Deux gants raccrochés
Au clou de cette chambre
Moulins décapités
Une nuit de décembre

Arcades ouvertes dans la nuit
Sur les lèvres de la folie
Les cordes de l'enfer
Résonnaient dans ma tête
Les ailes des uppercuts
S'abattaient sur le ring
Kamikazes de cuir
Soutenus par les swings
Mes gants contre ses gants
Mon âme dans son âme
Dans cette salle obscure
Aux fumées de havanes

Sur le mur jauni de ma chambre
Deux poupées abandonnées
Désarticulées, pendent
Deux momies de cuir râpé
Deux gants raccrochés
Au clou de cette chambre
Moulins décapités
Une nuit de décembre

Tes mots

Des mots sur tes paupières
Tatoués par la lumière
Des mots bleus, des mots verts
A la marée, ouverts
Les mots de chaque jour
Les mots du dimanche
Des mots d'amour
Comme des pierres blanches

Des mots murs
Des mots fenêtres
Des mots pour dire non
Des mots pour dire, peut- être
Des motifs, sur le châle
Posé sur tes cheveux
Des mots, souvent trop pâles
Au regard de tes yeux

Des mots dans ton cahier
Voiliers de liberté
Des mots papillons bleus
Surfant la voie lactée
Des mots réinventés
Des mots clés, des mots dés
Lancés au hasard
Sur un air de guitare

Des mots tirés par la manche
Des mots morts sur les barbelés
La nuit des mots, la page blanche
Des mots sur ta peau, tagués
Des mots sur tes ailes
Partis dans la lumière
Tes mots
Tes mots…..

Désert (à Jean)

Sur le reg
Une femme à genoux
Regarde les brebis
Manger les pierres

La lumière abyssine
Glisse au fond du rift
Les prières du vent
Gémissent à flanc de dune

Un serpent égaré
Aux arabesques brunes
M'invente un violoncelle
Aux mélopées nomades

Sous les brumes de chaleur
Il n'y a rien, sauf l'essentiel
Trois brindilles pour faire le thé
Le silence et la lumière

Ici, chaque pas ne t'éloigne de rien
Et te mène seulement
A la prochaine pierre

Soudain apparût Kurhah la blanche
Avec Algébar Incliné vers l'orient

L'inconnue de l'Hôtel de Crillon

L'aube désemparée, gonflée de sommeil
Une femme nue où rôdent mes caresses
L'orage s'est calmé, où le fleuve paresse
Ma bouche n'a de cesse, vers sa bouche vermeille

Mes mains hésitent encore, à s'inscrire dans ses courbes
Le silence se tend, sous le cri de l'amour
Les contours s'estompent, à tendre vers la tourbe
Sans conteste la nuit est la putain du jour

Pour brûler son désir, j'enflamme l'amadou
Marguerite de soie, dans sa bruyère nue
Mes lèvres pour baiser, l'aurore à peine bue
Effeuillent entre leurs doigts, l'odeur du poivre doux

L'amour c'est cet instant, sous ses bas cousus main
Un poudrier de charmes, à damner une reine
Le plaisir du matin, qui sèche les chagrins
Le vent qui vous emporte, sur les bords de la Seine

Les loups noirs (à Boris Vian)

Je ne voudrais pas crever
Avant d'avoir chassé
Les loups noirs de mon âme
Les cris des belugas
Au fond de ma folie
Avant d'avoir vaincu
L'invisible archer
De ma mélancolie

Je ne voudrais pas crever
Avant d'avoir pendu
Les corbeaux dans le bleu
D'une étoile perdue
Avant d'avoir fumé
L'opium de ma souffrance
Avant d'avoir filé
Les bas noirs de l'errance

Je ne voudrais pas crever
Avant de voir lever
Mes graines d'espérance
Sous tes larmes impures
Ma plume éclabousser
Ton ventre de ratures
Accordé mon asile
Aux cris sans domicile

Je ne voudrais pas m'enfuir
Sous les vents apatrides
Sans avoir aperçu
Les feux de l'Atlantide
Ni l'amour qui serpente
Aux veines des tropiques
Ni les moussons d'Asie
Ni l'or des soirs d'Afrique

Je ne voudrais pas crever…

Je cherche ta chanson

Je cherche ta chanson
Qui parle d'amours déçues
Et de fleurs de nylon
Dès l'aube dévêtue

Quand tu posais ta voix
Sur les ailes du vent
Comme un regard de soie
Sur des bas de vingt ans

Je cherche l'oiseau de feu
Qui brûlait dans tes yeux
Le souffle à peine né
De nos premiers baisers

Cette inconnue en bleu
Qui portait ton foulard
Dans un train de banlieue
A la marée du soir

Le kleenex en papier
Où s'est posée ta bouche
A fini au panier
Avec deux larmes rouges

La Vénus de Milo

Je t'imagine à l'âge tendre
Une robe à fleurs, la mer Egée
Tes cheveux de septembre
Sur les Cyclades, éparpillés

Je cherche tes bras
Dans mes rêves d'automne
Et dans le regard froid
De tes yeux de madone

Je t'invente un sourire
Vent de nostalgie
Sur tes lèvres sans désir
Des fleurs de poésie

Un vent frais
A cueilli, la verveine et la menthe
Tu verses le muscat
A la tombée du soir

L'olive est au pressoir
Le raisin sur la treille
Un olivier courbé
Salue sous la tonnelle

Je t'imagine à l'âge tendre
Une robe à fleurs, la mer Egée
Tes cheveux de septembre
Sur les Cyclades, éparpillés

Le voyageur immobile

Voyageur sur les pages blanches
Posant des nids, sur les genêts
Du pain blanc, sur les dimanches
Des fleurs d'encre, dans les cahiers

Je déambule à mots couverts
Dans des poèmes qui se déhanchent
Je surfe les phrases, à l'envers
Sur des rimes qui font la manche

J'embarque dans un bateau noir
En eaux troubles et nocturnes
Où les ombres dans le miroir
Chevauchent les mots du clair de lune

Sous l'encre de la nuit
Les intrigues deviennent confuses
Les passions étouffent leurs cris
Les trahisons leurs rancunes

Les métaphores sont court-vêtues
Sur les fantasmes inavoués
Dans les intrigues à démêler
Sur le papier trop écru

Les syllabes essoufflées
Drapées de crépuscule
Timides, comme un avril gelé
S'effeuillent sous ma plume

Enfin, je pénètre des lieux
Où mes rimes s'enlacent
Les voyelles posent leur grâce
Sur la mer dansent des moutons bleus

Table des matières

À propos de l'auteur 9
Souvenirs de voyage 11
Les yeux fanés 13
Au cognac de ton âme 14
Nuages 15
L'encrier du crépuscule 16
Chanson triste 17
Les vieux chevaux 19
Le voleur de regards 20
J'aime 22
L'ombre de ton sourire 23
La boite en fer 24
J'ai conservé de vieux trésors 24
Sous les paupières mauves des jacarandas 25
Mascareignes 26
Citron vert 27
Le rayon bleu 29
Imper et rose 30
Le sang bleu des glaciers (à mon fils) 31
Dans une litho de Wegener 32
Puncheur d'étoiles 34
Tes mots 35
Désert (à Jean) 37
Sur le reg 37
L'inconnue de l'Hôtel de Crillon 38
Les loups noirs (à Boris Vian) 39
Je cherche ta chanson 41
La Vénus de Milo 42
Le voyageur immobile 43

www.ingramcontent.com/pod-product-compliance
Lightning Source LLC
LaVergne TN
LVHW021626080426
835510LV00019B/2773